きみも言ったことがあるかも？

ちくちくことば・ふわふわことば
言いかえじてん

3

もっと仲よくなりたいとき

[監修] 鈴木教夫

[文] 秋山浩子　[イラスト] イケガメシノ

汐文社

はじめに

言われると悲しくなったり、きずついたりする「ちくちくことば」。
言われるとうれしくなったり、元気が出たりする「ふわふわことば」。

友だちともっと仲よくなりたいとき、思わず「ちくちくことば」を使っていない？ 聞いた相手はどんな気持ちになるかな？ 自分が言われたらどう感じるかな？

伝えたいことや自分の気持ちが相手にうまくとどくように、おたがいが気持ちよく話し合えるように、そんな「ちくちくことば」を「ふわふわことば」に言いかえてみよう。おだやかな空気が広がるよ。

この本には、いろいろな言いかえ例が出てくるよ。
みんなならどう言う？ いっしょに考えてみてね。

みんなのことを、いつもどこかで見ているよ。
ときどき変身して、アドバイスを送るよ！

もくじ

はじめに —— 02

元気(げんき)がない人(ひと)をはげましたい

- **ケース1** さびしそうにしている人(ひと)に —— 04
- **ケース2** 泣(な)いている人(ひと)に —— 08
- **ケース3** きんちょうしている人(ひと)に —— 09
- **メッセージ** 心配(しんぱい)していることを伝(つた)えてみよう —— 10
- いろいろな言(い)いかえ例(れい) —— 11

悪(わる)かったことをあやまりたい

- **ケース1** だれかのせいにしてしまったとき —— 12
- **ケース2** 借(か)りたものをよごしてしまったとき —— 16
- **ケース3** うっかりミスをしたとき —— 17
- **メッセージ** まず、あやまることが大事(だいじ) —— 18
- いろいろな言(い)いかえ例(れい) —— 19

友(とも)だちのいいところをほめたい

- **ケース1** うまくできるようになった人(ひと)に —— 20
- **ケース2** コンクールで入選(にゅうせん)した人(ひと)に —— 24
- **ケース3** 意外(いがい)なとくぎがある人(ひと)に —— 25
- **メッセージ** 相手(あいて)も自分(じぶん)もうれしくなる伝(つた)え方(かた)をしよう —— 26
- いろいろな言(い)いかえ例(れい) —— 27

ワークシート
みんなで考(かんが)えよう。どう言(い)えばいいのかな？ —— 28
- この本(ほん)に出(で)てくる言(い)いかえ例(れい) —— 30

元気がない人をはげましたい

ケース1 ｜ さびしそうにしている人に

いつも明るくにぎやかな人が、なんだかさびしそうにしている。気になって「どうしたの？」って聞いても何も答えてくれない。

✴ 言った人 　　　💧 言われた人

心配して声をかけたのに、何も言ってくれないって、どういうこと？
理由がわからないと、どうしようもない

それ聞いて、どうしたいの？
今はだれにも話したくない。
そういう気持ち、わかってくれないのかな

まわりの人

何があったのか、みんな気になっちゃうよね

今はそっとしておいてあげたほうがいいんじゃない？

声をかけてもらったんだから、何か言えばいいのに

言いたくないことを、ムリに聞き出さなくても……

アドバイス

悲しいことや落ちこむことがあったとき、ひとりで気持ちを整理したい人もいる。まずは「だいじょうぶ？」など、相手が安心するようなふわふわことばをかけてみよう。

06

ふわふわことばに言いかえてみよう

よかったら、いつでも話を聞かせてね

ありがとう。話せるようになったら聞いてね

ほかの言いかえ例

- 何かあった？
- 気になっているんだけど……
- いつもとようすがちがう気がするけど、もしよければ話してね

元気がない人をはげましたい

いじめられたの？なんで泣いてるの？

ケース2｜泣いている人に

校庭のすみっこで、ひとりで泣いている人がいる。もしかしていじめにあっている？ 力になれるかな。

言った人：いじめなら先生に相談しなきゃ。泣いていてかわいそう

言われた人：病気の犬が心配でかくれて泣いてただけなのに

ふわふわことばに言いかえてみよう

 何かつらいことがあったの？ ▶ うん、でも犬のことだから心配しないでね

アドバイス
泣いている人がいたら心配になるね。自分の思いこみでいろいろしつ問しても、うまく答えられないかも。相手によりそう気持ちで話しかけてみよう。

元気がない人をはげましたい

おい、しっかりしろよ！

ケース3 | きんちょうしている人に

はんの代表で発表する人が、ガチガチになって落ちつきをなくしている。きんちょうをほぐしてあげたい。

明るく声をかければ、気持ちが楽になるよね

言った人

大きな声でやめてほしい……。バカにされてる気がする

言われた人

ふわふわことばに言いかえてみよう

 だいじょうぶだよ、落ちついて！ ▶ ありがとう。がんばるよ

アドバイス

きんちょうしている人に、大きな声で強いことばをかけると、ますますきんちょうさせてしまうかも。不安をなくすようなふわふわことばを選んでね！

09

元気がない人をはげましたい

メッセージ
心配していることを伝えてみよう

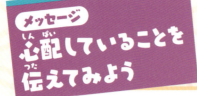

友だちが、さびしそうにしていたり、泣いていたり、とてもきんちょうしていたり、いつもとようすがちがっているのを見ると、気になって声をかけたくなるね。

はげまそうとして言ったことばが、追いつめたり、きずつけたりするちくちくことばになることがあるよ。まずはふわふわことばで、心配している気持ちを伝えてみよう。

相手がどうしてほしいのか、よく考えることが大事だね。そばにいてあげるだけでもホッとして、気持ちが楽になることもあるよ。

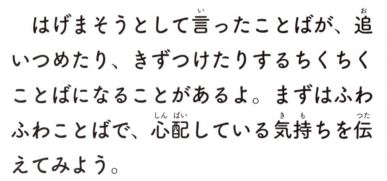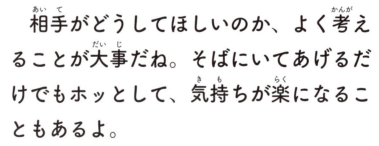

いろいろな言いかえ例

3つのケース、ほかにどんな言いかえができるかな？
みんなも考えてみてね

ケース1

ちくちくことば
- 落ちこんでる？
- 暗いね

▼

ふわふわことば
- どうかした？ 話せるなら聞くよ
- 元気ないみたいだけど、何かあった？

ケース2

ちくちくことば
- そんなところで何泣いてるの？
- 泣くようなことあるの？

▼

ふわふわことば
- 悲しいことがあったの？
- 何かあった？ よかったら話してね

ケース3

ちくちくことば
- うわっ、きんちょうしてるじゃん
- ビビるなよ！

▼

ふわふわことば
- どこか心配なところある？
- きっとうまくいくよ

ふわふわことばで、相手によりそおう！

悪かったことをあやまりたい

ケース1 | だれかのせいにしてしまったとき

体育の時間、当番のふたりでクラスの人数分のボールを用意していたら、数がまちがっていた。数えたのは自分じゃないのに、みんなに「ボール足りないよ」って言われて思わず言っちゃった。

☀ 言った人 　　　💧 言われた人

だって、こっちは運んでいたんだから、ちゃんと数えてくれないと

人のせいにする？　ふたりで数えればよかった。運ぶだけなんてズルい

まわりの人

足りなかったら、取りに行けばいいじゃない

自分は悪くないってアピール？　イヤな感じだな

当番でやることなのに、ひとりのせいにするってどうなの？

数えるのはけっこう大変。協力してやってほしい

アドバイス

トラブルが起きたとき、自分を守るために、思わず人のせいにしたくなることがあるね。大切なのはおたがいが、どうしたらよくなるか考えること。もっと仲よくなれるよ！

ふわふわことばに言いかえてみよう

まかせちゃって
ごめんね。
すぐ取ってくるよ

いっしょに行くよ

ほかの言いかえ例

- ごめん、いっしょに数えればよかったんだね
- 次はまちがえないようにふたりでがんばろう

悪かったことをあやまりたい

悪い！でも大したことないよね

ケース2　借りたものをよごしてしまったとき

友だちに借りた本を家で読んでいたら、妹がこぼしたジュースが少しかかっちゃった。返すとき、正直に言ったよ。

はじっこが少しよごれただけだし、正直に話してあやまったし

言った人

かした本がよごされて悲しいのに、大したことないって言う？

言われた人

ふわふわことばに言いかえてみよう

 せっかくかしてくれたのに、よごしちゃってごめんなさい

▶ ちゃんとあやまってくれたから、いいよ

アドバイス

借りたものを、よごしたりこわしたりしたら、「ごめんなさい」。かしてくれた人の気持ちを考えて、ていねいに、おわびのことばを伝えることが大切だよ。

悪かったことをあやまりたい

しょうがないじゃん！

ケース3 | うっかりミスをしたとき

花だんの手入れをしていたら、ふんではいけないところに足が入っていたみたい。友だちに大きな声で注意されて気がついた。

言った人: わざとじゃないし、気をつけていたんだけど入ってた

言われた人: いけないことをしたのに、しょうがないじゃないでしょ！

ふわふわことばに言いかえてみよう

 ごめんなさい、注意が足りなかった ▶ 集中してやろう！

アドバイス

だれにでもミスはある。大事なのはそのあとだよ。まずはあやまること。そしてミスをして気づいたことや考えたことを話し合って、次にいかそう！

17

悪かったことをあやまりたい

メッセージ
まず、あやまることが大事

　悪いことをしてしまったとき、とっさに「自分は悪くない」って思いたくなることもあるよね。でも、大事なのは最初にきちんとあやまることだよ。

　そんなつもりがなくても、うっかりミスだったとしても、悪かったことをみとめて、「ごめんなさい」と言おう。あやまる前に、だれが悪いとか、何がいけないとか、言いわけするのはちくちくことばに聞こえるよ。

　理由はあやまったあとに、ふわふわことばで伝えよう。どうすればよかったのか、みんなで話し合うのもいいね！

いろいろな言いかえ例

3つのケース、ほかにどんな言いかえができるかな?
みんなも考えてみてね

ケース 1

ちくちくことば
- なんでまちがえたの?
- ほら、数がちがってるってよ

▼

ふわふわことば
- いっしょにやらなくてごめんね
- ふたりでたしかめればよかったね

ケース 2

ちくちくことば
- ちょっとよごれたけど、おこらないでね
- 妹がよごしちゃった。ゆるしてあげて

▼

ふわふわことば
- 大事な本をよごしてしまってごめんなさい
- 本当にごめん。悪かったね

ケース 3

ちくちくことば
- 知らねーし
- わかってるよ!

▼

ふわふわことば
- ごめん、これからもっと気をつける
- 気がつかなかった。言ってくれてありがとう

ふわふわことばを使えば、おたがいを信らいできるよ!

19

友だちのいいところをほめたい

ケース1 うまくできるようになった人に

合そうの練習で、ずっと音をはずしていた人が、
今日はじょうずにできた。きっと家で練習したんだろうな。

☀ 言った人   💧 言われた人

ようやく音が合ってよかった〜。やればできるんだね！

家で練習がんばった。ずっと本気でやってたんだけど、からかってるの？

まわりの人

今まで本気出してなかった？ そんなわけないと思う

自分ができてるからって、上から言ってる気がする

音が合うって気持ちがいい。みんなでがんばろう！

いっしょうけんめい練習していたの知ってるよ

アドバイス

ほめているのに、気づかないうちに上から目線になっていることもある。言われた人の立場になってみよう。相手の気持ちを考えて、言われてうれしいふわふわことばに！

ふわふわことばに言いかえてみよう

ピッタリ合ったね！たくさん練習したんじゃない？

うん、がんばってよかった

ほかの言いかえ例

- すごくいい音だね。練習したことがわかったよ
- 合そうって楽しいね
- がんばる気持ちが伝わってきた

友だちのいいところをほめたい

ヤバいね〜。
自分にはムリ！

ケース2｜コンクールで入選した人に

ポスターコンクールでクラスの友だちが入選したって。りっぱだと思う。絵は苦手だから、あこがれるな。

言った人

入選なんてすごいよね。とくいなものがあっていいなぁ

え？　ヤバいってどういう意味？入選がよくなかったの？

言われた人

ふわふわことばに言いかえてみよう

 入選おめでとう。いつもすごいなって思ってたんだ ▶ ありがとう。そんなふうに思ってくれていたんだね

アドバイス

はやりことばや、いつも使っていることばが、すべての人に受け入れられるとはかぎらない。ほめたつもりでも、ちくちくことばに聞こえるかも！

友だちのいいところをほめたい

男子なのに、あみ物やるんだ

ケース3 | 意外なとくぎがある人に

みんなで今ハマっているものを話していたら、あみ物っていう男子がいてビックリ！　細かくてむずかしそうなのに、すごいと思う。

言った人

あみ物って女子のイメージあったけど、男子がやるのもいいよね

男子とか女子とか、関係なくない？モノを作るのは楽しいよ

言われた人

ふわふわことばに言いかえてみよう

ステキだね。手先が器用でいいなぁ
▶

今度セーターにチャレンジするんだ

アドバイス

男子なのに、女子だから、という思いこみで、何かを決めつけるのはちくちくことばだよ。男女や見た目にとらわれず、「自分らしさ」を大切に。

友だちのいいところをほめたい

メッセージ
相手も自分もうれしくなる伝え方をしよう

だれでもほめられるとうれしくなる。友だちのいいところが見つかると、ほめたくなるし、自分もうれしい気持ちになるよね。

自分はほめたつもりでも、気づかないうちに、ちくちくことばになることもあるから気をつけて！　上から目線になっていたり、勝手な思いこみになっていたりすると、相手はイヤな気分になるかも。

いいところを見つけることは、とても大切。心がゆたかになるよ。相手も自分もうれしくなるようなふわふわことばでほめたいね！

いろいろな言いかえ例

3つのケース、ほかにどんな言いかえができるかな？
みんなも考えてみてね

ケース1

ちくちくことば
- ぜったいムリだと思ってた
- ようやくできたか。長かったね

▼

ふわふわことば
- じょうずだね。いっしょに練習しよう
- きれいな音、すごくいいね

ケース2

ちくちくことば
- 入選して気分いいでしょ
- こんなのかけるんだ～。すげー

▼

ふわふわことば
- これからもおうえんしているよ
- おめでとう！ こっちもうれしくなる

ケース3

ちくちくことば
- そんなこと、よくやるなぁ
- 女子（男子）っぽいね

▼

ふわふわことば
- 楽しそうだなぁ
- できあがったら見せてね

ふわふわことば、もっとたくさん使おう！

ワークシート　　　　　　　　　　　　　　　　　　　　　　　　＊このページはコピーして使えます

みんなで考えよう。どう言えばいいのかな？

相手の気持ち、自分の気持ちをイメージして、セリフを言ってみよう。

休み時間、校庭で遊んでいたらチャイムが鳴った。急いで教室にもどろうとしたら、友だちが転んで泣いちゃった。どんなふうに声をかける？

１ ちくちくことばで言ってみよう

転んだ人はどんな気持ちだったかな？

声をかけた人はどんな気持ちだったかな？

ふたりの仲は、このあとどうなるかな？

❶の解答例

- **ちくちくことばの例**………なに転んでるの？／うわー、ダサい！／転んだくらいで泣くかな／早く教室にもどらないと
- **転んだ人の気持ち**………はずかしい／なんてことだ／あわてなければよかった／ひどいこと言うな
- **声をかけた人の気持ち**……あわてているからだよ／ドジだな／泣いている。どうしよう？
- **このあとどうなる？**………相手を無視する／口をきかなくなる／気まずくなる

28

2 ふわふわことばで言ってみよう

転んだ人はどんな気持ちだったかな？

声をかけた人はどんな気持ちだったかな？

ふたりの仲は、このあとどうなるかな？

2の解答例

- **ふわふわことばの例**……だいじょうぶ？ けがしてない？／いたそうだね。歩ける？／いっしょに保健室行こうか？
- **転んだ人の気持ち**……チャイムであわてた／びっくりして泣いちゃった／心配してくれてうれしい
- **声をかけた人の気持ち**……チャイムが鳴ってあせったかな／転んでかわいそう／助けてあげたいな
- **このあとどうなる？**……仲よくなっていっしょに遊ぶ／こまったときに助け合う／話し相手になる

この本に出てくる言いかえ例

自分の考えや意見を言いたいとき、どう伝えたらいいのかな？
「ちくちくことば」「ふわふわことば」をヒントに、考えてみてね。

さびしそうにしている人に　04

ちくちくことば
- だまっていたら、わからないよ
- 落ちこんでる？
- 暗いね

ふわふわことば
- よかったら、いつでも話を聞かせてね
- 何かあった？
- 気になっているんだけど……
- いつもとようすがちがう気がするけど、もしよければ話してね
- どうかした？　話せるなら聞くよ
- 元気ないみたいだけど、何かあった？

泣いている人に　08

ちくちくことば
- いじめられたの？　なんで泣いてるの？
- そんなところで何泣いてるの？
- 泣くようなことあるの？

ふわふわことば
- 何かつらいことがあったの？
- 悲しいことがあったの？
- 何かあった？　よかったら話してね

きんちょうしている人に　09

ちくちくことば
- おい、しっかりしろよ！
- うわっ、きんちょうしてるじゃん
- ビビるなよ！

ふわふわことば
- だいじょうぶだよ、落ちついて！
- どこか心配なところある？
- きっとうまくいくよ

だれかのせいにしてしまったとき　12

ちくちくことば
- これって、数えた人のせいだよね？
- なんでまちがえたの？
- ほら、数がちがってるってよ

ふわふわことば
- まかせちゃってごめんね。すぐ取ってくるよ
- ごめん、いっしょに数えればよかったんだね
- 次はまちがえないようにふたりでがんばろう
- いっしょにやらなくてごめんね
- ふたりでたしかめればよかったね

借りたものをよごしてしまったとき　16

ちくちくことば
- 悪い！　でも大したことないよね
- ちょっとよごれたけど、おこらないでね
- 妹がよごしちゃった。ゆるしてあげて

ふわふわことば
- せっかくかしてくれたのに、よごしちゃってごめんなさい
- 大事な本をよごしてしまってごめんなさい

30

○本当にごめん。悪かったね

うっかりミスをしたとき 17

ちくちくことば
○しょうがないじゃん！
○知らねーし
○わかってるよ！

ふわふわことば
○ごめんなさい、注意が足りなかった
○ごめん、これからもっと気をつける
○気がつかなかった。言ってくれてありがとう

うまくできるようになった人に 20

ちくちくことば
○やっと本気出した？
○ぜったいムリだと思ってた
○ようやくできたか。長かったね

ふわふわことば
○ピッタリ合ったね！ たくさん練習したんじゃない？
○すごくいい音だね。練習したことがわかったよ
○合そうって楽しいね
○がんばる気持ちが伝わってきた
○じょうずだね。いっしょに練習しよう
○きれいな音、すごくいいね

コンクールで入選した人に 24

ちくちくことば
○ヤバいね〜。自分にはムリ！
○入選して気分いいでしょ
○こんなのかけるんだ〜。すげー

ふわふわことば
○入選おめでとう。いつもすごいなって思ってたんだ

○これからもおうえんしているよ
○おめでとう！ こっちもうれしくなる

意外なとくぎがある人に 25

ちくちくことば
○男子（女子）なのに、○○○やるんだ
○そんなこと、よくやるなぁ
○女子（男子）っぽいね

ふわふわことば
○ステキだね。手先が器用でいいなぁ
○楽しそうだなぁ
○できあがったら見せてね

＊幅広く使えるよう、本文のことばを一部変更しています。

使ってはいけないちくちくことば

どりょくをみとめないことば
○へたくそ ○ダメだね ○つまんない
○意味わかんない

ミスやまちがえたことをせめることば
○そんなことも知らないの？ ○信じられない
○何してんの ○どんくさい

生きていることをみとめないことば
○マジきもい ○クソ、死ね！ ○いなくていい
○こなくていい

不安にさせることば
○近よるな ○へんなの ○うるせえ ○じゃまだ

顔や体のことをけなすことば
○太ったね ○やせてるね ○ちっちゃ！ ○でかっ！

31

[監修]

鈴木教夫 ●すずきのりお

兵庫教育大学大学院学校教育研究科修士課程修了。茨城県スクールカウンセラー。文教大学及び東京理科大学非常勤講師。一般社団法人日本学校教育相談学会監事。日本学校教育相談学会埼玉県支部理事長。一般社団法人日本スクールカウンセリング推進協議会企画委員兼研修委員。埼玉県ガイダンスカウンセラー会副会長。「学校カウンセラー・スーパーバイザー」「上級教育カウンセラー」「ガイダンスカウンセラー・スーパーバイザー」。埼玉県内公立学校教員を経て現職。

[文]

秋山浩子

[デザイン]

小沼宏之 [Gibbon]

[イラスト]

イケガメシノ

きみも言ったことがあるかも？
ちくちくことば・ふわふわことば
言いかえじてん
❸もっと仲よくなりたいとき

2024年11月 初版第1刷発行

○監修
鈴木教夫
○発行者
三谷光
○発行所
株式会社汐文社
〒102-0071
東京都千代田区富士見1-6-1
TEL 03-6862-5200 ｜ FAX 03-6862-5202
https://www.choubunsha.com
○印刷
新星社西川印刷株式会社
○製本
東京美術紙工協業組合
ISBN978-4-8113-3170-6

この本を手にされた保護者の方や先生方へ

　この本は、「自分も相手も大切にする自己表現」であるアサーションの考えをベースにしています。

　子どもたちの言葉は「ちくちくことば」になりがちです。「ちくちくことば」は、自分を危険から守るときには必要です。しかし、相手の気持ちを傷つけたり、まわりの人たちを不快な気持ちにさせたりしてしまいます。

　第3巻は「もっと仲よくなりたいとき」をテーマにしました。子どもたちは成長するにつれ交友関係を広げます。そのようなときに、子どもたちが経験しそうな場面を想定し、自分の気持ちをどのように言えばよく伝わるのかを考えます。「相手のことも考える」と「ふわふわことば」に言いかえられることを例示しています。また、言いかえを考えるときのアドバイスや相手のことを考える視点をメッセージとして示しています。

　自分が伝えたいことだけでなく、相手のことも考えることがよりよい表現につながります。自分も相手も大切にした「素敵な表現」（アサーティブな自己表現）にしていくコツを、お子さんと一緒に探してみましょう。

鈴木教夫